<그리스도인이면 꼭 알아야 할 성경 지식>

가장 위대한 것은 사랑이니라

서울솔로몬학교 성경연수원

차 례

이 책에 인용된 성경 구절은 〈한글킹제임스성경〉입니다.

제1과
하나님의 사랑을 알라

『사랑하는 자들아, 우리가 서로 사랑하자. 이는 사랑이 하나님께 속한 것이기 때문이라』(요일 4:7).

가장 위대한 것은 사랑이니라

사도 바울은 고린도 성도들에게 보내는 서신에서 『이제 믿음, 소망, 사랑 이 세 가지가 있으나 이 중에서 가장 위대한 것은 사랑이니라.』(고전 13:13)라고 말했다. 지역 교회에서 하나님과 성도들을 섬기는 그리스도인에게 있어서 믿음도 중요하고 소망도 귀하지만 이 둘보다 중요하고 귀한 것이 "사랑"이다. "사랑"이 없으면 믿음은 아무 것도 아니게 되고, 소망 또한 그 의미를 상실한다. 왜냐하면 하나님을 믿는 믿음과 예수 그리스도의 다시 오심을 향한 소망은 이 교회 시대에는 귀해도, 주님께서 오시면 믿음도 소망도 더 이상 필요하지 않게 되기 때문이다. 주님께서 오시면 모든 것이 온전하게 완성된다. 하지만 사랑은 결코 시들지 않아서 영원토록 지속된다. 그렇기에 우리 그리스도인들은 "가장 위대한 사랑"에 대해 알아야 한다. 그 사랑은 "하나님의 사랑"이며, 이 위대하기 그지없는 사랑은 "예수 그리스도" 안에서 완성되었다. 『**우리를 향한 하나님의 사랑이 이렇게 나타났으니, 곧 하나님께서 그의 독생자를 세상에 보내신 것은 우리로 그를 통하여 살게 하려 하심이라**』(요일 4:9).

■ 새롭게 깨달았거나 적용할 내용이 있다면 적어 보세요. ■

"독생자"를 통해 나타난 하나님의 사랑

『사랑하는 자들아, 우리가 서로 사랑하자. 이는 사랑이 하나님께 속한 것이기 때문이라. 사랑하는 사람은 누구나 하나님께로부터 태어났으며 또 하나님을 아느니라. 사랑하지 아니하는 자는 하나님을 알지 못하나니, 하나님은 사랑이시기 때문이라. 우리를 향한 하나님의 사랑이 이렇게 나타났으니, 곧 하나님께서 그의 독생자를 세상에 보내신 것은 우리로 그를 통하여 살게 하려 하심이라. 여기에 사랑이 있으니, 우리가 하나님을 사랑한 것이 아니요 그분이 우리를 사랑하시고 그의 아들을 우리 죄들을 위하여 화목제물로 보내신 것이라』(요일 4:7-10).

성경과 그리스도를 거부하는 죄인들은 위의 말씀을 이용한다. 죄인들은 "사랑"이란 것이 저주, 거짓말, 모독, 게으름, 도둑질, 변태 성욕, 상스러운 말, 고의적인 무지 등을 참아 줌으로써 자신의 가족과 지역 사회가 부패하도록 내버려두는 것이라고 믿는다. 모든 사람이 "하나님의 자녀"이며 "하나님께서 그들 모두의 아버지이시기" 때문에, 모든 거짓말쟁이들과 신성모독자들을 받아들이고, 모든 강도들과 간음자들과 도둑들과 살인자들을 "사랑"으로 용납해야 한다고 주장한다.

그러나 "사랑"이 성경에서 최초로 언급된 구절을 보면 "사랑"이 무엇인가를 알게 된다. **『이 일들 후에 하나님께서 아브라함을 시험하시며 그에게 말씀하시기를 "아브라함아" 하시니, 그가 말하기를 "보소서, 내가 여기 있나이다." 하더라. 하나님께서 말씀하시기를 "네 아들, 곧 네가 사랑하는 네 독자 이삭을 이제 데리고 모리아 땅으로 가서, 산들 중에서 내가 네게 알려 줄 한 산에서 그**

를 번제로 드리라." 하시더라』(창 22:1,2). 성경에서 처음 언급된 "사랑"은 "아들에 대한 아버지의 사랑"이다.
신약성경에서도 "사랑"이 최초로 언급된 것은 구약성경과 마찬가지로 "아들에 대한 아버지의 사랑"과 관련 있는 구절이다. 『**이는 내 사랑하는 아들이요, 그 안에서 내가 매우 기뻐하노라**』(마 3:17). 즉 아브라함은 "사랑하는" 이삭을 번제로 바쳐야 했고, 아버지 하나님께서도 "사랑하는" 아들을 십자가에 바치셔야 했다. 『**하나님께서 세상을 이처럼 사랑하셔서 그의 독생자를 주셨으니, 이는 그를 믿는 사람은 누구든지 멸망하지 않고 영생을 얻게 하려 하심이니라**』(요 3:16). 구약과 신약에서 "사랑"에 대해 동일하게 계시하는 것은 "사랑은 주는 것"이라는 것이다. 완전한 사랑은 죄 없으신 하나님의 아들께서 죄인인 우리를 사랑하셔서 우리의 죄들을 위해 자신을 주신 일에서 보여졌다. 사랑은 주는 것이다. 사랑하지 않고 줄 수 있지만, 주지 않고 사랑할 수는 없다. 『**사랑하지 아니하는 자는 하나님을 알지 못하나니, 하나님은 사랑이시기 때문이라. 우리를 향한 하나님의 사랑이 이렇게 나타났으니, 곧 하나님께서 그의 독생자를 세상에 보내신 것은 우리로 그를 통하여 살게 하려 하심이라. 여기에 사랑이 있으니, 우리가 하나님을 사랑한 것이 아니요 그분이 우리를 사랑하시고 그의 아들을 우리 죄들을 위하여 화목제물로 보내신 것이라**』(9,10절). 주지 않고는 누군가를 사랑한다고 말할 수 없다.

『**하나님은 사랑이시기 때문이라**』(8절). 하나님의 사랑을 오해하지 말라. 사랑의 하나님께서는 질투의 하나님이시기 때문이다. 『**나 주 너의 하나님은 질투하는 하나님임이니**』(출 20:5). 『**사랑은 죽음처럼 강하고 질투는 음부처럼 잔인하니**』(솔 8:6). 『**우리 하나님은 소멸케 하시는 불이심이라**』(히 12:29). 『**질투는 음부처럼 잔인하**』다(솔 8:6). 질투는 혼인 관계에 있어서 정상적이다. 한 남자가 자신의 아내를 사랑한다면, 그는 어떤 다른 사내가 그녀의 몸을 만지는 것을 원하지 않는다. 한 여인이 그녀의 남편을 사랑한다면, 그녀는 그가 다른 여인의 품에 있는 것을 보기를 원치 않는다. 주님께서 그분의 성도와 갖는 관계에 있어서도 마찬가지이다. 『**너는 어떤 새긴 형상도 네게 만들지 말고... 너는 그것들에게 절하지 말고 그것들을 섬기지 말지니라. 이는 나 주 너의 하나님은 질투하는 하나님임이니**』(출 20:4,5). 『**너는 다른 신을 경배하지 말지니 그 이름이 질투인 주는 질투하는 하나님임이니라**』(출 34:14).

『**사랑은 죽음처럼 강하고 질투는 음부처럼 잔인하니, 그곳의 숯은 불타는 숯, 곧 심히 맹렬한 불길을 가진 것이라**』(솔 8:6). 『**사랑**』과 연관되는 것들은 『**죽음**』, 『**질투**』, 『**잔인**』, 『**음부**』 그리고 『**불타는 숯**』이다. 언제나 『**하나님은 사랑이시기 때문이라.**』(요일 4:8)만을 강조하며 "사랑의 하나님"께서는 그 누구도 지옥에 보내지 않으실 것이라고만 이야기하는 자들은 이 말씀에 주의해야 한다. 왜냐하면 이것은 밤낮 사랑타령만 하는 자들에게 주시는 하나님의 경고이기 때문이다. "사랑의 하나님"께서는 끌 수 없는 『**맹렬한 불길**』(솔 8:6, cf. 사 34:8-10; 66:24, 막 9:43-48)과 『**불타는 숯**』(솔 8:6)을 갖고 계신다. 즉 "지옥과 불못"을 갖고 계신다(시 140:10). 이것은 하나님의 아들 안에 있는 하나님의 사랑을 거부하는 모든 죄인들이 가야 할 곳들이다. 「하나님께서는 의와 죄를 동시에 사랑하실 수 없다. 하나님께서는 그분의 아들을 보내셔서 당신을 위해 죽게 하실 정도로 당신을 사랑하셨는데, 그분께서 그 일을 하신 이유는 당신이 하나님의 "원수"인(롬 5:10) "죄인"이기에(롬 5:8), 만일 주님께서 당신을 위해 무언가를 하지 않으신다면 꼼짝없이 『**멸망**』하게(요 3:16) 될 것이기 때문이었다. "완벽한 구원"을 제공한 "완벽한 사랑"을 지니신 바로 그 하나님께서는, 그분 자신이 "완벽하게 거룩하시기에"(사 57:15-21) "완벽한 복수"에 이르는(신 32:35,41,42, 사 61:1,2) "완벽한 질투"를 지니고 계신다. 예수 그리스도께서 그들을 위해 죽으셨음에도 예수 그리스도를 거부한 오대양 육대주에 있는 죄인들의 미래는 불타는 지옥에서의 극심한 고통이며 그후에는 불못에 던져지게 된다(계 20:11-14, 슥 3:8, 마 13:40; 25:41, 사 34장; 66:24, 렘 25장, 욜 3장, 살후 1:8-9).」(피터 럭크만)

『여기에 사랑이 있으니』(10절). "사랑"은 영화나 TV 드라마, 신문, 잡지, 술, 마약, 왜곡된 우정 안에 있지 않다. **『여기에 사랑이 있으니, 우리가 하나님을 사랑한 것이 아니요 그분이 우리를 사랑하시고 그의 아들을 우리 죄들을 위하여 화목제물로 보내신 것이라』**(10절). 말하자면 "사랑"은 오직 하나님의 아들 안에서만 발견할 수 있다! **『우리가 아직 죄인이었을 때 그리스도께서 우리를 위하여 죽으심으로써 하나님께서는 우리를 향한 그의 사랑을 나타내셨느니라』**(롬 5:8). 갈보리 십자가에서 완성된 예수 그리스도의 공로와 분리해서 생각할 수 있는 "하나님의 사랑"은 지구상 어디에도 없다. **『소망이 부끄럽지 않은 것은 우리에게 주신 성령에 의하여 하나님의 사랑이 우리 마음속에 부어졌기 때문이라』**(롬 5:5).

하나님의 사랑이 무엇인지 진정으로 알게 된 성도들에게 요구되는 것은 "서로 사랑해야 한다"는 것이다. **『사랑하는 자들아, 하나님께서 이처럼 우리를 사랑하셨으니 우리도 서로 사랑하는 것이 마땅하도다. 어느 때에도 하나님을 본 사람은 아무도 없으나, 우리가 서로 사랑하면 하나님께서 우리 안에 거하시고, 그의 사랑이 우리 안에서 온전해지느니라. 이로써 우리가 그분 안에, 그분이 우리 안에 거하시는 것을 우리가 아노니 이는 그분이 우리에게 그의 영을 주셨음이라. 우리는 아버지께서 아들을 세상의 구주로 보내신 것을 보았고 또 증거하느니라. 누구든지 예수를 하나님의 아들이라 시인하면 하나님께서 그 사람 안에 거하시고, 그도 하나님 안에 거하느니라』**(11-15절). 세상의 구주이신 주 예수 그리스도를 하나님의 아들이라고 시인하는 사람 안에 하나님께서 거하신다. 하나님께서 자기 안에 거하시는 성도들은 서로 사랑해야 한다. 왜냐하면 삼위일체 하나님께서는 서로를 적대시하지 않으시고 사랑하시기 때문이다(요 14:31; 17:22-24,26).

심판 날에 담대하게 하는 "사랑"

『하나님께서 우리를 향해 가지신 그 사랑을 우리가 알고 또 믿었으니, 하나님은 사랑이시라. 사랑 안에 거하는 사람은 하나님 안에 거하고 하나님께서도 그 사람 안에 거하시느니라. 이렇게 우리의 사랑이 온전해졌나니, 이는 우리로 심판 날에 담대함을 가지게 하려는 것이라. 이는 그분이 그러하심과 같이 우리도 이 세상에서 그러하기 때문이니라. 사랑 안에는 두려움이 없나니, 온전한 사랑은 두려움을 쫓아내느니라. 이는 두려움에는 고통이 있음이라. 두려워하는 자는 사랑 안에서 온전해지지 못하였느니라. 우리가 그분을 사랑하는 것은 그분께서 먼저 우리를 사랑하셨음이라. 어떤 사람이 "나는 하나님을 사랑하노라." 하면서 자기 형제를 미워하면 그는 거짓말쟁이라. 눈으로 본 형제를 사랑하지 않는 자가 본 적이 없는 하나님을 어떻게 사랑할 수 있겠느냐? 이것이 우리가 그분께 받은 계명이니 하나님을 사랑하는 자는 자기 형제도 사랑해야 하느니라』(16-21절).

『**하나님은 사랑이시라.**』(16절)라는 말씀은 거룩하지 않은 죄인들을 위해 피의 속죄를 이루신 하나님과 분리시키면 아무런 의미가 없다. 하나님께서 죄인들을 위해 죽으실 정도로 사랑하셨다는 사실을 유대인, 카톨릭교도, 힌두교도, 불교도, 인본주의자들은 인정하지 않는다. 그러면서도 "하나님의 사랑"을 운운하기를 좋아한다. 그러나 사도 바울은 "하나님의 사랑"에 대해 알고 있었다(롬 5:5,8; 8:29,37-39).

『**이렇게 우리의 사랑이 온전해졌나니, 이는 우리로 심판 날에 담대함을 가**

지게 하려는 것이라. 이는 그분이 그러하심과 같이 우리도 이 세상에서 그러하기 때문이니라. 사랑 안에는 두려움이 없나니, 온전한 사랑은 두려움을 쫓아내느니라. 이는 두려움에는 고통이 있음이라. 두려워하는 자는 사랑 안에서 온전해지지 못하였느니라.』(17,18절)라는 말씀은 구원받고 나서 지옥에 갈까봐 두려워할 필요가 없음을 말하는 구절이다. **구원받은 그리스도인이 하늘나라에 가기까지 두려워해야 할 것이 많지만(빌 2:12, 고전 2:3, 고후 12:20), "심판 날"(벧후 2:9; 3:7, 마 12:36; 10:15, 계 20:11-15)에는 아무것도 두려워할 것이 없다**. 그 이유는 우리의 죄들이 예수 그리스도께 전가되었고(고후 5:21), 예수님의 의가 우리에게 전가되었기 때문이다(롬 3:22,26). 하나님께서는 우리 안에서 그분의 아들을 보시는 것이며, 우리 안에 계신 아들을 보시며 존중해 주신다.

자신의 구원을 의심하는 성도는 하나님을 향한 사랑이 성숙하지 못한 것이다. 죄인들에게나 해당하는 심판 날을 두려워하는 성도는 하나님을 향한 자신의 사랑을 되돌아보아야 한다. 『**어떤 사람이 "나는 하나님을 사랑하노라." 하면서 자기 형제를 미워하면 그는 거짓말쟁이라. 눈으로 본 형제를 사랑하지 않는 자가 본 적이 없는 하나님을 어떻게 사랑할 수 있겠느냐? 이것이 우리가 그분께 받은 계명이니 하나님을 사랑하는 자는 자기 형제도 사랑해야 하느니라**』(요일 4:20,21). 하나님을 향한 사랑은 형제자매들을 향한 사랑과 직결된다. **예수님과 내가 서로 안에 거하고, 예수님께서 나를 사랑하시고 나도 예수님을 사랑한다면, 즉 구원받은 후 형제자매들을 사랑하는 성도는 심판 날에 대한 두려움 자체가 없게 된다**. 온전한 사랑은 심판 날에 대한 담대함을 주기 때문이다. 그리스도인이 죄인들의 심판 날을 두려워하는 것은 가장 무익하고 쓸데없는 일이다.

『**우리가 그분을 사랑하는 것은 그분께서 먼저 우리를 사랑하셨음이라**』(19절). 이제는 우리가 하나님을 사랑해야 할 차례이다. 그 사랑은 주 안의 지체들을 향한 사랑으로 표현된다. 하나님의 사랑을 알고 하나님을 사랑하는 성도는 내 앞의 성도들을 사랑하는 법이다.

■ 새롭게 깨달았거나 적용할 내용이 있다면 적어 보세요. ■

제1과
복습문제

1. 성경에서 처음 언급된 "사랑"은 "아들에 대한 (　　　　　)의 사랑"이다.

2. 구약 성경과 신약 성경에서 "사랑"에 대해 동일하게 계시하는 것은 "사랑은 (　　　　　) 것"이라는 것이다.

3. "지옥과 불못"은 하나님의 (　　　　　) 안에 있는 하나님의 사랑을 거부하는 모든 죄인들이 가야 할 곳들이다.

4. 하나님의 사랑이 무엇인지 진정으로 알게 된 성도들에게 요구되는 것은 "(　　　　　) 사랑해야 한다"는 것이다.

5. 구원받은 그리스도인이 하늘나라에 가기까지 두려워해야 할 것이 많지만, "(　　　　　) 날"에는 아무것도 두려워할 것이 없다.

■ 새롭게 깨달았거나 적용할 내용이 있다면 적어 보세요. ■

NOTES

NOTES

제2과

하나님의 공의와 사랑이 만난 십자가

『그리스도께서도 죄들로 인하여 한 번 고난을 받으사 의인으로서 불의한 자를 대신하셨으니, 이는 육신으로는 죽임을 당하셨으나 성령에 의하여 살림을 받으심으로 우리를 하나님께로 인도하려 하심이라』(벧전 3:18).

하나님의 속성

하나님의 공의와 사랑은 하나님의 여러 속성들 중 하나다. 속성이란 어떤 대상의 고유한 특성, 실체, 특징이라고 할 수 있다. 따라서 하나님의 속성에 대해 공부하면 하나님께서 어떤 분이신지 알 수 있게 된다. 하나님의 속성에는 인간이 이해할 수 있는 속성과 그렇지 못한 속성이 있다. 인간이 이해할 수 있는 하나님의 속성에는 거룩, 공의, 의, 신실, 자비, 질투, 사랑과 같은 속성이 있다. 반대로 이해할 수 없는 하나님의 속성에는 영원, 불변, 전지, 전능, 무소부재와 같은 속성이 있다. 공의와 사랑은 우리가 이해할 수 있는 하나님의 속성이다. 하나님의 각 속성에 대해 알아보고 아울러 십자가 위에서 어떻게 하나님의 공의와 사랑이 조화를 이루었는지에 대해서 살펴 보자.

하나님의 공의

한글킹제임스성경에서 "공의(公義, judgment)"라는 단어는 히브리어 "미슈파트(mishpat)"에서 번역된 단어다. 이 단어는 "재판하다, 다스리다, 벌주다"라는 뜻을 가지고 있다. 그렇기에 주로 심판이나, 통치와 관련된 문맥에서 자주 보이며 다분히 "법적이고 공적인 덕목"을 가리키는 말이다. 법적인 기준에 따라 옳고 그름을 가르는 속성이라고 볼 수 있다.

『너희는 고하여 그들을 가까이 데려오라. 그들로 서로 상의하게 하라. 옛날부터 이것을 선포한 자가 누구냐? 그 때부터 그것을 말한 자가 누구냐? 나 **주**가 아니냐? 나 외에 다른 하나님이 없나니 공의로운 하나님 곧 구주가 나 외에는 없느니라. 땅 끝들에 있는 모든 자들아, 나를 쳐다보고 구원을 받으라. 이는 내가 하나님이요, 다른 이가 없음이니라』(사 45:21,22).

대체로 하나님의 의(義)와 연관하여 하나님의 공의를 설명하기도 하는데, 공의와 의에는 의미상 차이가 있다. "의(義, righteousness)"는 도덕적이고 내면적인 상태를 주로 나타내는데 사용되기 때문이다. 하나님께서는 공의의 대속을 통해 죗값을 지불하시고 우리에게 그분의 의를 주셨다. 그래서 우리는 우리 자신의 의가 아닌 예수 그리스도의 의로써 의롭다 함을 얻게 된 것이다. 이에 반해 하나님의 공의는 심판으로 드러난다. 이 심판은 기록된 말씀에 따라 한 치의 오차도 없이 정확하게 이루어질 것이다.

『주께서는 하늘에서 들으시고 행하시며 주의 종들을 심판하시되 악인은 정죄하시어 그의 행실을 그의 머리로 돌리시며, 의인은 의롭다 하시어 그의 의대로 그에게 베푸소서』(왕상 8:32). 『다시는 그처럼 심히 교만하게 말하지 말고 너희 입에서 오만이 나오지 못하게 할지니, 이는 **주**께서는 지식의 하나님이시며 행동들이 그분에 의하여 저울질되기 때문이라』(삼상 2:3). 『이제 인자가 자기 아버지의 영광으로 자기 천사들과 함께 오리니, 그때에 그가 각자에게 그들의 행한 대로 상 주실 것이라』(마 16:27).

하나님께서는 그분의 역사가 완벽하시기 때문에(신 32:4) 말씀에 따라 공의로 심판하실 때 죄인은 죄인이 마땅히 있어야 할 지옥에 보내시는 것이다. 만약 자기 의로 충만한 어떤 사람이 백보좌 심판 앞에서 전능하신 하나님 면전에 주먹을 휘두르며 자신이 얼마나 황금률과 십계명을 잘 지켰는지 자랑하면서 자신의 의가 예수 그리스도의 의만큼 좋다고 항변하는 사람이 있다손 치더라도 하나님께서는 판단받으실 때 이기시고 공의 가운데 심판하시어 그런 죄인들 역시 지옥불에 던져 넣으실 것이다. 악을 심판하시고 죄인을 벌하시는 것, 기록된 말씀에 따라 공의롭게 한 치의 오차도 없이 실행하실 것이기에 그 어떤 사람의 항의도 모두 무의로 돌아가고 말 것이다.

『어떤 자들이 믿지 아니하였다면 어찌하겠느냐? 그들의 믿지 아니함이 하나님의 신실하심을 무효화시키겠느냐? 결코 그럴 수 없느니라. 실로, 하나님은 참되시나 사람은 모두 거짓말쟁이라. 기록된 바 "이는 주께서 주의 말씀에 의롭다 함을 얻으시고 판단받으실 때에 이기려 하심이라."고 함과 같으니라』(롬 3:3,4). 『또 내가 들으니, 제단에서 다른 소리가 나서 말하기를 "그러하나이다. 전능하신 주 하나님, 주의 심판들은 참되시며 의로우시니이다."라고 하더라』(계 16:7). 『또 내가 죽은 자들을 보니, 작은 자나 큰 자나 하나님 앞에 서 있는데, 책들이 펴져 있으며 또 다른 책도 펴져 있는데 그것은 생명의 책이라. 죽은 자들은 자기들의 행위에 따라 그 책들에 기록된 대로 심판을 받더라. 바다도 그 안에 있던 죽은 자들을 넘겨주고 또 사망과 지옥도 그들 안에 있던 죽은 자들을 넘겨주니 그들이 각자 자기들의 행위에 따라 심판을 받으며 사망과 지옥도 불못에 던져지니 이것이 둘째 사망이라. 누구든지 생명의 책에 기록되지 않은 자는 불못에 던져지더라』(계 20:12-15).

하나님의 사랑

공의의 하나님께서는 또한 사랑의 하나님이시다. 『**사랑하지 아니하는 자는 하나님을 알지 못하나니, 하나님은 사랑이시기 때문이라**』(요일 4:8). 사랑이라는 단어는 창세기 22:2에서 처음 등장한다.

> 『하나님께서 말씀하시기를 "네 아들, 곧 네가 사랑하는 네 독자 이삭을 이제 데리고 모리야 땅으로 가서, 산들 중에서 내가 네게 알려 줄 한 산에서 그를 번제로 드리라." 하시더라』(창 22:2).

1. 첫 언급의 법칙

성경에는 "첫 언급의 법칙"이라는 것이 있다. 이는 한 용어가 성경에서 처음 사용된 곳에서 그 용어가 성경 전체에서 어떤 어조와 연관성과 뜻을 가지는지 파악할 수 있다는 법칙이다. 비록 말씀에서 그 어휘의 정의가 더 명료해지거나 확장되거나 대조되거나 세분화 될 수는 있어도, 처음에 사용된 뜻이 성경 전체에 걸쳐 이어져 나가는 것이다. 지금 아브라함이 제물로 드리려 했던 그의 독생자(히 11:17)는 이삭이었다. 이삭은 바로 주 예수 그리스도의 모형이었다(갈 3:14-18, 히 11:17). 약속된 씨였고(갈 4:23) 기적적인 출생을 통해 태어났다(창 18:11,12). 이삭을 번제로 드리려 했던 아브라함은 하나님의 모형이었다. (마 3:9, 요 8:33,41, 눅 16:24). 그리고 창세기 22장의 상황이 벌어지는 곳은 골고다에 인접한 곳으로 하나님의 사랑이 발견되는 곳이 바로 아브라함이 그의 독생자 이삭을 번제물로 드리려 했던 골고다에서 발견되는 것이다. 이를 토대로 하나님께서 지니신 사랑의 속성을 살펴보자면, 하나님의 사랑의 속성은 바로 아버지에 대한 아들의 사랑임을 알 수 있다. 그리고 그 사랑이 발견되는 곳은 바로 갈보리인 것이다.

2. 하나님의 사랑을 왜곡하는 시대(1)

그런데 지금은 이 하나님의 속성인 사랑을 왜곡하는 시대가 되어 버렸다. 사랑이라는 하나님의 속성을 지나치게 반복적으로 강조하면서 하나님을 "**모든 것을 용납하시는 신**"으로 만들려고 하는 것이다. 이것은 자기를 사랑하는 것이 두드러지는 악한 이 마지막 시대의 시대적 특징에 기인한다.

『또 이것을 알라. 마지막 날들에 아주 어려운 때가 오리라. 사람들이 자기를 사랑하고 돈을 사랑하며, 자긍하고 교만하며, 하나님을 모독하고 부모에게 불순종하며, 감사하지 아니하고 거룩하지 아니하며』(딤후 3:1,2).

너무나도 자기 자신을 사랑한 나머지 죄에서 돌이켜 회개하기는커녕, 죄짓는 자기 자신을 받아주기만을 바라는 것이다. 이와 같은 무조건적인 수용을 요구하는 안하무인적인 모습을 보이는 대표적인 사람들이 바로 동성애자들이다. 사랑의 하나님께서는 이런 나를 받아들여 주셔야 한다고 주장한다. 더욱이 이들은 사회에서 자기들의 변태적인 죄악을 허용해 줄 뿐만 아니라, 그것을 정상으로 받아들이고, 심지어 장려해 주기를 요구한다. 하지만 그것은 사랑이라는 하나님의 속성과는 무관한 것이다.

3. 하나님의 사랑을 왜곡하는 시대(2)

특히나 피터 럭크만 목사는 "**하나님은 사랑이시라**"라는 말씀이 지나치게 강조되어 미국에서는 구원받고 거듭난 사람들조차도 하나님은 죄인들을 죽이시지 않을 것이라고 생각할 정도라고 말하기까지 했다. 그러나 하나님께서는 죄인들을 매일 죽이신다. 물론 하나님께서는 죄인이 멸망하는 것을 기뻐하지 않으시며, 오래 참으시기 때문에 『**아무도 멸망하지 않고 다 회개에 이르게**』(벧후 3:9) 하기를 원하신다. 그러나 그 동일하신 하나님께서는 『**이제는 나, 곧 내가 그인 줄 알라. 나와 함께하는 신이 없도다. 나는 죽이기도 하고 살리기도 하며 상하게도 하고 낫게도 하나니 내 손에서 건져낼 수 있는 자가 없도다**』(신 32:39)라고 말하신다. 이뿐만이 아니라 『**복수와 보응이 내게 속해 있으니**』(신 32:35), 『**내 진노중에 불이 붙어서 가장 낮은 지옥까지 사를 것이며**』(신 32:22)라고도 말씀하셨다. 오늘날 많은 사람들이 하나님은 사랑이시므로 자신이 아무리 마귀같이 살아도 하나님께서 손가락 하나 대지 않을 것으로 착각하고 살지만 주님께서는 그런 자들을 죽이실 것임을 잊지 말라.

『너희가 육신을 따라 살면 죽을 것이나 성령을 통하여 몸의 행실을 죽이면 살리라』(롬 8:13).

하나님께서는 구원받지 못한 자들에게 이렇게 말씀하신다. 『**자주 책망을 받으면서도 목이 곧은 자는 갑자기 패망을 당하리니, 도움이 없으리라**』(잠 29:1). 『**너는 내일을 자랑하지 말라. 하루 동안에 무슨 일이 일어날는지 네가 알 수 없음이라**』(잠 27:1). 하나님의 공의에 대해 아무것도 모르면서 "**하나님은 사랑이시다**" "**울며 회개하면 양팔을 벌리고 너를 맞으시며 용서하실 것이다**"라는

식으로 둘러대지 말라. 하나님께서는 예수님의 피의 속죄에 근거해서만 당신을 용서하신다. 당신의 피는 타락한 피이고, 그래서 썩어 버린다. 당신의 육신은 잘못됐다. 그래서 노쇠하다가 죽고 썩어서 흙이 되어 버리는 것이다. 당신이 아무리 당신의 의를 내세워도 구원받지 않았다면 지옥에 던져질 것이 당신의 정해진 운명인 것이다.

하나님의 사랑과 공의가 만난 십자가

균형 잡힌 존재로서 하나님은 공의로우시며 사랑이시다. 어떻게 공의로우시면서 동시에 사랑이실 수 있으실까? 그에 대한 답은 갈보리 십자가에서만 찾아볼 수 있다. 이 지구상에 그 어떤 종교나 그 어떤 종교 창시자에게서도 찾을 수 없다. 우리는 갈보리를 통해서 하나님께서는 죄인들을 사랑하시며 그들이 구원받기를 원하신다는 사실을 배울 수 있게 된다. 하나님께서는 이를 위해 죄인들이 자기 스스로는 의롭게 될 수 없다는 사실을 깨닫게 함으로써 죄인들을 의롭게 하시고자 하시는 것이다. 하나님께서는 죄인들에게 그의 절대적이고 완벽한 의, 그리고 죄에 대해 묵과하시지 않으신다는 공의를 나타내 보이심으로써 하나님께서 요구하시는 것을 죄인들이 볼 수 있게 되기를 원하시는 것이다. 하나님께서는 사람의 고통, 아픔, 시험, 비애, 질병, 슬픔 등을 가져가셔서 그분 스스로 죄인의 형벌을 담당하신다. 하나님께서는 죄가 없으신대도 그렇게 하신다. 그것이 바로 하나님의 공의이자 하나님의 사랑인 것이다.

그리하여 우리는 갈보리 십자가에 선다. 우리는 거기서 하나님의 의지와 인간의 의지가 만나는 것을 본다. 우리는 거기서 인간의 의가 하나님의 의에 의해서 완전히 제거되는 것을 본다. 공의와 사랑의 하나님께서 마련하신 하나님의 구원계획은 이 시대에는 이미 완성되었다. 완벽한 피의 대속 없이는 하나님의 사랑에 반응할 수도 하나님의 공의를 만족할 수도 구원을 받을 수도 없다. 하나님께서는 모든 사람이 죄를 지었기 때문에 하나님의 영광에 이르지 못한다고 말씀하시면서 여기에는 어떤 차별도 없다고 말씀하신다(롬 3:21,22). 하나님께서는 사람을 외모로 보지 않으신다(롬 2:11).

하나님께서는 균형 잡히신 분이시다!

그렇기에 모든 사람은 갈보리로 가야 한다. 모든 사람을 죄인이라는 동등한 위치를 부여하는 그곳으로 가야 한다. 갈보리 십자가에서는 심지어 예수 그리스도께서도 범죄자들과 더불어 헤아림을 받으셨다(사 53:12). 하나님은 사랑이시지만, 그 사랑은 모든 것을 용납하며 죄인들의 죄까지도 받아들이시는 감상적인 사랑이 아니다. 하나님의 사랑은 거룩하고 공의로운 사랑이다. 그 하나님께서는 죄를 증오하시고 공의에 따라 한 치의 오차도 없이 정확하고 단오하게 심판하시고 처벌하신다. 그렇지 않다고 생각하고 자신의 생각대로 살고 싶다면 계속 그렇게 살라. 그렇게 살다 죽으면 알게 될 것이다. 갈보리는 율법의 모든 요구사항을 충족시킴으로써 하나님의 거룩하심과 공의를 만족시키시고 죄인으로 하여금 합법적으로 하늘나라에 들어가게 해 줌으로써 그분의 사랑을 나타내 보이셨다(행 13:38,39, 갈 3:13). 그 누구도 이곳 이외에서 "하나님의 사랑"을 말할 수 없다. 만약 갈보리 이외의 곳에서 하나님의 사랑을 찾는다면 스스로를 기만하는 바보인 것이다. 주님은 "그 누구도 너희를 속이지 못하게 하라." 그리고 "그 누구도 자신을 속이지 말라."라고 명령하셨는데 더 늦기 전에 그렇게 되지 않도록 하라.

제2과
복습문제

1. 하나님의 공의와 사랑은 하나님의 여러 속성들 중 하나다. (O , X)

2. "공의"라는 히브리어 단어에는 "재판하다, 다스리다, 벌주다"라는 뜻이 있다. (O , X)

3. 성경에서 사랑이라는 단어는 창세기 22:2에서 처음 등장한다. (O , X)

4. 성경에는 (   )이 있다. 이는 한 용어가 성경에서 처음 사용된 곳에서 그 용어가 성경 전체에서 어떤 어조와 연관성과 뜻을 가지는지 파악할 수 있다는 법칙이다.

5. 하나님은 사랑이시기 때문에 죄인들의 죄들을 어느 정도 용납해 주시기도 하신다. (O , X)

■ 새롭게 깨달았거나 적용할 내용이 있다면 적어 보세요. ■

NOTES

NOTES

제3과
모든 것을 다해 하나님을 사랑하라

『너는 네 마음을 다하고, 혼을 다하고, 생각을 다하고, 힘을 다하여 주 너의 하나님을 사랑하라. 이것이 첫째 계명이니라』 (막 12:30).

하나님을 사랑하라는 명령

성경은 신구약 모두에서 성도들에게 하나님을 사랑할 것을 "명령"으로 지시한다(신 6:5, 막 12:30). 혹자는 사랑하는 게 명령으로 될 일이냐고 반문하고 싶을지 모르겠다. 그러나 성경이 말씀하시는 사랑이란 흔히들 생각하는 것처럼 피동적으로 발생하는 감정이 아니다. 오히려 능동적이고 의지적인 선택의 결과에 가깝다. 따라서 누구라도 주의를 기울인다면 하나님을 사랑할 수 있다(수 23:11). 하나님을 사랑하지 않으면서도 "그게 어디 마음대로 되는 일이겠어요?"라고 말하는 것은 변명에 불과한 것이다.

사랑의 이유

『우리가 그분을 사랑하는 것은 그분께서 먼저 우리를 사랑하셨음이라』(요일 4:19).

하나님께서는 본래 사랑받으실만한 분이다. 설령 예수 그리스도를 우리의 죄들을 위한 화목제물로 내어주지 않으셨다고 해도 이 사실에는 변함이 없다. 하나님께서는 자비롭고, 은혜로우며, 오래 참고, 선함과 진리가 풍성하신 분이

시다(출 34:6). 그분의 역사는 모두 완벽하고, 그분의 길은 모두 공의 그 자체다(신 32:4). 주님께는 찬사와 존경을 한 몸에 받는 그 어떤 위인들보다도 훨씬 뛰어난 성품과 업적이 있다. 객관적으로 볼 때, 하나님께서는 세상의 그 어떤 사람보다도 사랑받으실만한 분이신 것이다.

그러나 비뚤어진 우리들의 마음이 문제였다. 날 때부터 죄인인 우리들은 "객관성"을 상실한 채로 하나님을 미워했던 것이다(요 15:18). 우리는 우리와 똑같은 죄들을 자행하는 죄인들은 좋게 여길 줄 알아도(롬 1:32), 완벽하게 의로우신 하나님은 사랑할 줄 몰랐다. 우리는 죄를 사랑하는 마음으로 빛이신 그분을 미워하고 어둠을 사랑했다(요 3:19,20). 빛과 대면했다가는 자신의 치부가 적나라하게 드러날 것이 뻔했기 때문이다. 우리 죄인들은 그렇게 계속해서 하나님을 미워하면서, 소망도 없고 세상에서 하나님도 없이(엡 2:12) 지옥으로 가고 있었다.

그런데 어느 날 우리는 하나님께서 그분을 미워하는 원수들인 우리 죄인들을 위해, 그분의 독생자를 내어주셨다는 소식을 접하게 되었다. 누군가가 우리에게 하나님의 은혜의 복음을 전해준 것이었다. 우리가 이를 받아들이기로 결정하고 우리의 죄들을 위해 십자가에 달려 죽었다가 다시 살아나신 주 예수 그리스도를 구주로 영접했을 때, 우리는 하나님과 화해하게 되었다(롬 5:10). 그렇게 그분과의 갈등은 청산되었다. 우리는 하나님께로부터 다시 태어나서(요일 5:1) 이제 우리를 낳으신 그분을 사랑한다. 이 모든 것은 전적으로 하나님께서 그분을 미워하던 우리를 먼저 사랑해주시고, 그분의 가족으로 들어오겠느냐고 제안해주셨기 때문에 가능한 일이었다.

그래서 구원받은 성도는 누구나 하나님을 조금이라도 사랑하게끔 되어 있다. 사춘기의 아이들이 부모에게 적개심을 드러내듯, 하나님 아버지를 향한 원망이나 증오를 표출하고 있는 성도라고 해도 마찬가지다. 하나님을 향한 사랑은 성도들 안에 형성된 새 사람이 가진 본성이기 때문이다. 성경은 하나님의 목적에 따라 부르심을 받은 자들, 곧 구원받은 모든 사람들은 "하나님을 사랑하는 자들"이라고 말씀하신다(롬 8:28).

물론 하나님께서는 우리로부터 이런 본성적인 사랑 이상을 기대하신다. 하나님께서는 문자 그대로 모든 것을 다해 하나님을 사랑하라고 명령하셨다. 『**너는 네 마음을 다하고, 혼을 다하고, 생각을 다하고, 힘을 다하여 주 너의 하나님을 사랑하라. 이것이 첫째 계명이니라**』(막 12:30). 우리를 위해 모든 것을 값없이 주시고자 하는 마음을 가지신 그분께서는(롬 8:32) 우리도 소유한 모든 것, 나아가 아예 우리 자신 자체를 그분께 드리기를 원하시는 것이다(롬 12:1).

어떻게 하면 하나님을 향한 사랑의 크기를 키울 수 있을까?

성경은 "더 많이 용서받으라."라고 그 답을 제시하신다(눅 7:36-47). 이 말을 하는 저의를 오해하지 말라. 하나님을 더 많이 사랑하기 위해서 더 많이 죄를 짓자고 이야기하려는 게 아니다(롬 6:1). 다만 구원받기 전에 자신이 얼마나 극심한 죄인이었는지를 잊지 않고 항상 기억한다면(엡 2:11), 또 구원받은 이후에도 하나님께서 얼마나 많은 죄들을 용서해주시고 또다시 "다음 기회"를 주셨는지를 떠올려 본다면 그분을 더더욱 사랑하게 될 것이라는 말이다.

주님과의 생동감 있는 교제도 그분에 대한 사랑의 깊이를 더하는 방편이 된다. 『**내가 주를 사랑하나니, 이는 그가 내 음성과 내 간구들을 들으셨기 때문이라**』(시 116:1). 하나님께서 두신 복과 저주, 즉 하나님의 말씀 또한 그분을 사랑하게끔 하는 원동력이 된다(신 30:19,20). 말씀과 기도를 통해 그분께 다가서면 다가설수록, 그분을 향한 사랑은 커질 수밖에 없는 것이다. 하나님께서는 알면 알수록 사랑스러운 분이시기 때문이다.

사랑의 결과: 하나님께로부터 오는 영광을 구한다

『또 너희 안에는 그분의 말씀이 거하지 아니하나니, 이는 그분이 보내신 이를 너희가 믿지 않기 때문이라… 그러나 내가 너희를 아노니 너희 안에 하나님을 사랑함이 없다는 것이라… 너희가 서로 영광을 받으면서 오직 하나님으로부터 오는 영광은 구하지 아니하니, 어찌 나를 믿을 수 있겠느냐?』(요 5:38,42,44)

초림 당시 주님께서는 그분이 하나님께로부터 오신 분이심을 증거하셨는데, 유대인들은 그러한 주님의 증거를 듣고는 그분을 죽이려고 했다. 주님께서는 유대인들이 그분을 믿지 않는 원인에 대해 "모세가 기록한 성경을 믿지 않기 때문"(요 5:46,47)이라고 진단하셨다. 그리고 "그들이 서로 영광을 받으면서 오직 하나님으로부터 오는 영광은 구하지 않기 때문"이라는 것도 함께 원인으로 제시하셨다. 그런 그들은 주님으로부터 하나님을 사랑함이 없다는 힐책을 들어야 했다.

우리는 이 장면에서 "누구로부터 오는 영광을 구하는가?"가 하나님에 대한 애정의 시금석이 될 수 있다는 점을 알 수 있다. 설혹 입술로는 그분을 공경한다고 해도 사람들로부터 영광을 받고자 하는 동기에서 그렇게 하고 있다면, 그 마음은 주님께로부터 계속해서 멀어져 갈 뿐이다(마 15:7,8). 주 예수 그리스도께서는 그분의 이름을 팔아 스스로를 드높이고자하는 자들을 향해 "너희는 사람들 앞에서 스스로 의롭다고 하는 자들이지만 하나님께서는 너희의 마음을 아시느니라. 이는 사람들 가운데서 크게 높임을 받는 것이 하나님 보시기에는 가증스러움이니라."라고 경고하셨다(눅 16:15).

사랑은 수고를 낳는다

하나님을 사랑하여 하나님께로부터 오는 영광을 구하는 사람은 단순히 세상으로부터의 영광을 구하지 않는 데서 그치지 않는다. 단순히 세속적인 욕망을 포기하고 염세주의적이고 냉소적인 태도를 보이는 것은 주님을 사랑하는 사람의 자세가 아니다. 주님을 향한 사랑은 반드시 그분을 위해 무언가 수고하고자 하는 욕망을 불러일으킨다. 성경에서 "믿음, 소망, 사랑"(고전 13:13)이 각각 순서대로 행위, 인내, 수고와 짝을 이룬다는 것에서도 이 진리를 확인할 수 있다(살전 1:3). 사랑은 수고를 낳는다. 그리고 그 수고는 반드시 보상으로 돌아올 것이다. 『이는 하나님께서는 너희의 행위와 사랑의 수고를 잊으실 만큼 불의하지 아니하심이라』(히 6:10).

사실, 하나님을 사랑한데서 나온 수고들은 세상 사람들이 보기에 미친 것처럼 보이거나(행 26:24), 분노를 사기 일쑤다(행 7:54, 22:22). 하나님을 사랑하는 사람들은 연쇄살인보다 주 예수님을 구주로 믿지 않는 게 더 큰 죄라고 말한다. 인류가 이룩해 놓은 모든 과학적, 제도적 진보에도 불구하고 세상은 망해버리고 말 것이라고 말한다. 세상으로부터 미움 받기 딱 좋은 말만 골라서 하는 것이다(요 7:7). "그렇게 말하면 사람들이 싫어한다는 것도 몰라요?"라는 말을 듣기 딱 좋다(갈 1:10).

세상에서 어리석은 사람처럼 여겨지고, 박해와 고난이 따르며, 심지어 가족들에게까지 배척받는 일도 부지기수지만 그들이 그렇게 하는 이유는 한 가지다. 그리스도의 사랑이 그들을 강권하기 때문이다(고후 5:14). 그렇게 그들은 세상을 십자가에 못박은 채로, 또 자신도 세상에게 십자가에 못박힌 채로 살아

간다(갈 6:14). 그들에게 삶이란 더 이상 자신들을 위한 게 아니라 자기들을 위하여 죽었다가 다시 살아나신 그분을 위한 것이기 때문이다.

제 자 도

주님께서는 자기 십자가를 지는 제자도에 관해 말씀하시면서 우리에게 사랑에 대한 이러한 도전을 주신 바 있다. 『**아버지나 어머니를 나보다 더 사랑하는 사람은 나에게 합당치 아니하고, 아들이나 딸을 나보다 더 사랑하는 사람도 나에게 합당치 아니하며 또 자기 십자가를 지지 않고 나를 따르는 자도 나에게 합당치 아니하니라**』(마 10:37,38). 주님께서는 그분을 따르려거든 가족들이나 생명조차 주님에 비해서는 상대적으로 미워하는 것으로 여길 만큼이 되어야 한다고 말씀하기도 하셨다(눅 14:26). 따라서 주님을 따르기 위해 아무것도 "미워해보지" 않았다면, 안타깝지만 그 사람의 사랑이란 "커트라인"에도 미치지 못하는 셈이다. 주님께서 그분을 위해 아무것도 포기해보지 않은 그런 사람은 "나에게 합당치 않다"고 하셨으니 말이다.

사랑의 결과 : 말씀을 지킨다

『나의 계명들을 가지고 그것들을 지키는 사람은 나를 사랑하는 사람이니, 나를 사랑하는 사람은 나의 아버지께 사랑을 받으리라. 또 나도 그를 사랑하여 그 사람에게 나 자신을 나타내리

라."고 하시더라… 예수께서 대답하여 그에게 말씀하시기를 "나를 사랑하는 사람은 내 말들을 지키리니 그러면 나의 아버지께서 그를 사랑하실 것이며, 또 우리도 그에게 와서 우리의 거처를 그와 함께 정하리라』(요 14:21,23).

말씀을 지키는 사람은 하나님을 사랑하는 사람이고, 반대로 하나님을 사랑하는 사람은 말씀을 지키는 사람이다. 주님을 사랑하고자 하는데 방법을 잘 몰라 헤매고 있는가? 그렇다면 말씀을 지키면 된다! 둘은 같으니 말이다(요일 5:3). 여기서 "지킨다"는 말은, "준수한다"는 것과 "수호한다"는 것 모두 포괄하는 표현이다. 즉 하나님을 사랑하는 사람이라면 성경이 말씀하시는 그대로를 실행해야 하며, 그 말씀을 빼앗기지 않도록 깨어 있어야 하는 것이다.

어떤 사람들은 말씀을 사모하는 듯 보이지만, 듣기만 하고 실행하지 않는다(겔 33:30-32). 말씀을 듣는 순간에 기뻐하는 그들의 마음은 "진심"일 수 있다(막 6:20). 그러나 들은 그 말씀이 마음에서 떠나지 않도록 지켜내지 못한다면, 하나님께서는 그 사람의 마음을 그분을 향한 사랑으로 인정해주시지 않는다. 하나님을 사랑하는 사람으로 인정받고 싶거든 이런 다짐이 필요하다. 『**오 주여, 주의 규례들의 길을 내게 가르치소서. 그리하시면 내가 끝까지 지키겠나이다. 나에게 명철을 주소서. 그리하면 내가 주의 법을 지키리니 정녕, 내가 전심으로 그것을 준수하리이다**』(시 119:34,35).

하나님을 사랑하고 말씀을 준수하는 일은 자연스럽게 형제 사랑으로 이어진다. 『우리가 하나님을 사랑하고 그의 계명들을 지키면 이것으로 우리가 하나님의 자녀들을 사랑함을 아느니라』(요일

5:2). 그러나 어떤 사람들은 "나는 성경대로 한다"고 스스로 자부하면서도, 단 한명의 형제에게조차 은혜를 끼치지 못한다. 그런 사람들은 성경대로 하고 있는 것도 아니고 하나님을 사랑하고 있는 것도 아니다. 자기 의만을 드러내고 있으면서도, 스스로를 속이고 있는 것에 불과하다(요일 4:20).

그런가하면 어떤 사람들은 하나님을 사랑해서 그분의 말씀을 깊이 파고드는 사람인 것처럼 행세하면서도, 실상은 하나님의 말씀의 권위를 훼손시키고 말씀을 변개하는 일을 자행한다. 주요 신학교의 강단을 차지하고서 "더 나은 성경 번역"이나 "성경 원본에 더 가까운 본문"을 만들어내려고 하는 자들이 바로 그런 자들이다. "우리가 갖고 있는 성경이 비록 불완전할지라도, 기독교의 교리는 충분히 전달하고 있다."라고 말하는 목사들이나 성경 교사들도 똑같은 부류다. 이들은 하나님께 영감을 통해 성경이 기록되도록 하실 능력은 있어도, 순수하게 보존하실 능력은 없다고 믿는 멍청이들이다. 이런 자들이 하나님을 사랑한다고 말한다면 그야말로 어불성설이다. 그들의 말마따나 애당초 지켜야 할 말씀이 존재하지조차 않는다면, 그들은 하나님을 사랑할 방법이 없는 것이나 마찬가지기 때문이다.

여러분에게는 지켜야 할 하나님의 말씀이 있는가? 하나님께서 주신 것에서 한 치도 바뀐 것이 없는, 어떤 부정한 손길에 의해서도 더럽혀지지 않고 그분께서 영감으로 기록하신 그대로 보존된 그 하나님의 말씀이 있느냐는 것이다. 그렇다면 여러분은 정말로 큰 복을 받은 사람들이다. 그저 책상에 앉아 성경을 펼치기만 하면, 온 우주를 말씀으로 창조하시고 운행하시는 분의 음성을 곧장 들을 수 있는 특권을 소유한 것이기 때문이다. 하나님을 사랑한다면, 무엇보다도 귀중한 그 특권(눅 10:42)을 결코 빼앗기지 말라. 대학 교수든, 목사든, "신실하고 헌신된" 사람이든 간에, 또 원어 지식이나 신학 지식을 얼마나 갖고 있는 사람이든지 간에, "사실, 당신이 갖고 있는 성경에도 오류가 있습니다."라고 말하는 자와는 결코 함께하지 말라!

말씀을 사랑하지 않는 종교인

이 나라의 교인들은 대부분 여태껏 보던 성경이 사실 변개된 성경이었다는 사실을 알고 나서도 대수롭지 않게 생각한다. 그들은 하나님의 말씀을 지키는 사람도, 하나님을 사랑하는 자들이 아니기 때문이다. 그들은 "종교인"에 불과하다. 그래서 그런 미적지근한 반응이 나오는 것이다. 그들에게 중요한 것은 하나님께서 무엇이라고 말씀하셨는지가 아니라, "기독교인"으로서 인정받을 수 있는지의 여부일 뿐이다. 『**너희는 "주의 엄중한 *말씀*이라."고 다시는 말하지 말라. 각 사람의 말이 자신의 무거운 짐이 되리니 이는 너희가 살아 계신 하나님, 만군의 주 우리 하나님의 말씀들을 변질시켰음이라**』(렘 23:36).

명령을 저버린 대가

주님을 사랑하라는 말씀은 "명령"이기에, 실행하지 않는 것은 "죄"가 된다. 성경은 그 죄의 대가에 대해 이렇게 말씀하신다. 『**누구든지 주 예수 그리스도를 사랑하지 아니하면 그는 우리 주께서 오실 때 저주를 받을지어다**』(고전 16:22). 곧 주님께서 공중에 오시면, 그분을 사랑하지 않은 사람은 "누구든지" 저주를 받을 것이다. 구원받지 않은

사람이었다면 대환란이라는 끔찍한 재앙에 들어가는 저주를 받을 것이고, 구원받은 사람이었다면 그리스도의 심판석에서 모든 것이 불 속으로 사라지는 "저주"를 받을 것이다. 그러면 주님께로부터 받은 것도, 주님과 쌓은 어떤 개인적 친분도 없는 채로 "끔찍한" 천년왕국과 영원을 맞이해야 한다. 우리 중에는 그런 일을 겪는 사람이 아무도 없기를 진심으로 바란다.

■ 새롭게 깨달았거나 적용할 내용이 있다면 적어 보세요. ■

제3과
복습문제

1. 사랑은 피동적인 감정이기에 의지적 실행과는 관련이 없다. (O , X)

2. 하나님께서는 사랑받으실만한 분이기 때문에, 거듭나지 않은 사람이라고 해도 모두 다 자연스럽게 하나님을 사랑하게 되어 있다. (O , X)

3. 거듭난 성도는 하나님에 대한 본성적 사랑을 소유하게 되기에, 성경은 이 시대에 구원받은 모든 성도들을 "하나님을 사랑하는 자들"이라고 부르기도 한다(롬 8:28). (O , X)

4. 성경에서 믿음은 행위와, 소망은 인내와, 사랑은 (   )와 짝을 이룬다.

5. 『예수께서 대답하여 그에게 말씀하시기를 "나를 사랑하는 사람은 내 말들을 (   ) 그러면 나의 아버지께서 그를 사랑하실 것이며, 또 우리도 그에게 와서 우리의 거처를 그와 함께 정하리라』(요 14:23).

■ 새롭게 깨달았거나 적용할 내용이 있다면 적어 보세요. ■

NOTES

NOTES

제4과
세상도, 세상에 있는 것들도 사랑하지 말라

『세상도, 세상에 있는 것들도 사랑하지 말라. 누구든지 세상을 사랑하면 아버지를 사랑함이 그 안에 있지 아니하니 이는 세상에 있는 모든 것이 육신의 정욕과 안목의 정욕과 생의 자랑이요, 아버지께 속한 것이 아니라 세상에 속한 것이기 때문이라』(요일 2:15,16).

아버지를 사랑함이 그 안에 있지 아니하니

『**세상도, 세상에 있는 것들도 사랑하지 말라. 누구든지 세상을 사랑하면 아버지를 사랑함이 그 안에 있지 아니하니**』(요일 2:15)라는 말씀이 성경에 기록되어 있는데도 많은 그리스도인들이 세상 사람들처럼 세상과 세상에 있는 것들을 사랑한다.

"**세상이나 세상에 있는 것들을 사랑한다**"는 말은 그 사람이 "**속되다,**" 즉 "**세속적이다**"라는 뜻이다. 성경적으로 "**속되다**"는 "**거룩하다**"의 반대말이다. 즉 성도가 거룩한 삶을 살지 못하는 이유는 세상을 바라보고 있고 세상에 있는 것들을 가지기 위해 노력하거나 자기가 가진 세상 것들을 놓지 않으려고 하고 있기 때문이다. 또한 거룩한 삶을 살던 성도였더라도 현재 세상을 바라보고 있다면, 속된 사람이 되는 것이다.

성도가 세속적이 되는 순간 『**아버지를 사랑함이 그 안에 있지**』 않다고 성경은 단언한다. 『**아버지를 사랑**』하지 않는 사람은 구원받기 전에 세상 사람들과 동일한 상태, 즉 하나님과 원수 된 상태에 있는 것이고, 성경은 이러한 사람의 생각을 『**육신적인 생각**』(롬 8:7)이라고 말씀하신다. 『**육신적으로 생각하는 것은 사망이나 영적으로 생각하는 것은 생명과 화평이니라. 육신적인 생각은 하나님과 원수가 되나니 그것은 하나님의 법에 복종하지 않을 뿐만 아니라 실로 할 수도 없음이라**』(롬 8:6,7)라는 말씀 항상 기억하자.

세상도, 세상에 있는 것들도 사랑하지 말라

『세상도, 세상에 있는 것들도 사랑하지 말라. 누구든지 세상을 사랑하면 아버지를 사랑함이 그 안에 있지 아니하니... 세상도, 세상의 정욕도 사라지지만 하나님의 뜻을 행하는 자는 영원히 거하느니라』(요일 2:15,17).

성도가 세상을 사랑하지 말아야 할 이유는, 세상을 사랑하면 『아버지를 사랑함』이 그 안에서 사라지기 때문이다. 사람은 구원받기 전에 하나님의 원수였다. **『우리가 원수 되었을 때에도 그의 아들의 죽음으로 인하여 하나님과 화해하게 되었으니 더욱더 화해하게 된 우리는 그의 생명으로 인하여 구원받게 되리라』**(롬 5:10). 구원받은 후에도 세상을 사랑하면 하나님의 원수가 된다. **『너희 간음하는 남자들과 간음하는 여자들아, 세상과 친구 되는 것이 하나님과 원수 되는 것임을 알지 못하느냐? 그러므로 누구든지 세상의 친구가 되고자 하는 자는 하나님의 원수가 되느니라』**(약 4:4).

세상에 대한 성경의 평가는 완전히 부정적이다. 세상은 악하다. **『주께서는 우리의 죄들로 인하여 자신을 주셨으니 이는 하나님, 곧 우리 아버지의 뜻에 따라 이 악한 현 세상에서 우리를 구원하시려 함이라』**(갈 1:4). 세상은 정욕을 통해 타락하게 한다. **『이로써 우리에게 지극히 크고 귀한 약속들을 주심은 너희로 하여금 이 약속들을 통해서 정욕으로 인해 세상에 있게 된 타락을 피하여 하나님의 본성에 동참하는 자가 되게 하려 하심이라』**(벧후 1:4). 세상은 사탄이 통제하고 다스린다. **『그리고 마귀가 주께 말하기를 "내가 이 모든 권세와 그것들의 영광을 너에게 주리라. 그것이 나에게 넘겨졌으므로 내가 원하는 자**

에게 줄 수 있느니라』(눅 4:6). 『그들 가운데 이 세상의 신이 믿지 않는 자들의 마음을 어둡게 하여 하나님의 형상이신 그리스도의 영광스러운 복음의 광채가 그들에게 비치지 못하게 하느니라』(고후 4:4).

세상에 속한 자들은 세상에 관한 말을 하고, 세상 또한 그들의 말을 듣는 법이다. 『그들은 세상에 속하였으므로 세상에 관한 말을 하나니, 세상이 그들의 말을 듣느니라. 우리는 하나님께 속하였으니, 하나님을 아는 자는 우리의 말을 듣고 하나님께 속하지 아니한 자는 우리의 말을 듣지 않느니라. 이로써 우리가 진리의 영과 미혹의 영을 아느니라』(요일 4:5,6).

『세상』에 관하여 예수 그리스도께서 하신 말씀들

예수 그리스도께서는 세상에 관해 다음과 같이 말씀하심으로써 그리스도인들이 세상에 속하지도 않고, 세상을 위해 기도해서도 안 됨을 알려 주셨다. 『내가 그들을 위하여 기도하나이다. 나는 세상을 위하여는 기도하지 아니하고 다만 아버지께서 내게 주신 자들을 위하여 기도하나이다. 이는 그들이 아버지의 사람들이기 때문이니이다』(요 17:9). 『내가 그들에게 아버지의 말씀을 주었더니 세상이 그들을 미워하였나이다. 이는 내가 세상에 속하지 아니한 것같이 그들도 세상에 속하지 아니하기 때문이옵니다』(요 17:14). 『내가 세상에 속하지 아니한 것같이 그들도 세상에 속하지 않사옵니다』(요 17:16). 『오 의로우신 아버지시여, 세상은 아버지를 몰랐지만 나는 아버지를 알았으며, 또 이들은 아버지께서 나를 보내신 것을 알았사옵니다』(요 17:25).

성도가 세상을 사랑하지 말아야 할 또 다른 이유는 『세상도, 세상의 정욕도 사라』질 것이기 때문이다. 『그러나 주의 날이 밤에 도둑같이 오리니 그 날에는

하늘들이 굉장한 소리를 내며 사라지고 우주의 구성 요소들이 맹렬한 불로 녹아내리며 땅과 그 안에 있는 일들이 타버릴 것이라. 그때 이 모든 것이 녹아 버리리니 너희가 모든 거룩한 행실과 경건에 있어 어떠한 사람들이 되어야겠느냐?』(벧후 3:10,11) 사도 베드로는 모든 것이 녹아 버릴 텐데, 그렇다면 어떠한 사람들이 되어야겠냐고 묻고 있다. 당연히 녹아 버릴 것에 미련을 두지 않고 녹아 버리지 않을 영원한 것에 마음을 두어야 하며, 영원한 것을 얻기 위해 진력하는 삶을 살아야 한다.

『**나는 주 너희 하나님이라. 그러므로 너희는 스스로 성결케 하여 거룩하게 될지니라. 이는 내가 거룩함이라**』(레 11:44). 『**거룩**』은 첫째로, 어떤 대상(땅, 민족, 물건, 사람 등)이 "**하나님의 소유**"인 경우에 사용하며, 둘째로, "**하나님을 대면하기에 적합하게 몸과 마음이 깨끗한 상태**"를 의미한다. 성경에서 "거룩하다"의 반대말은 "속되다," 즉 "세속적이다"이다. 『**또 그들은 내 백성에게 거룩한 것과 속된 것의 차이점을 가르칠 것이며 백성들로 불결과 정결의 차이를 분별하게 할지니라**』(겔 44:23). 성경에서는 속된 자의 구체적인 예로서 에서를 말씀하신다. 『**음행하는 자나, 한 그릇 음식을 위하여 장자권을 판 에서와 같이 속된 자가 없도록 하라**』(히 12:16).

거룩하게 되는 방법은 스스로 성결케 하는 것이다. 『**성결**』이라는 말이 성경에서 맨 처음 등장하는 것은 출애굽기 19:10,11이며 『**주께서 모세에게 말씀하시기를 "백성에게로 가서 오늘과 내일 그들을 성결케 하고 그들로 자기들의 옷을 빨게 하여 셋째 날을 대비하라. 이는 셋째 날에 주가 온 백성의 목전에서 시내 산 위에 내려갈 것임이라.**』이라고 기록되어 있다. 즉 『**성결**』이란 1차적으로 "**하나님을 대면하기 위해 신체나 의복을 깨끗하게 만든 상태**"를 의미한다. 제사장들은 하나님께서 정하신 규정에 따라 깨끗하게 됨으로써 성결한 상태가 된다. 물론 2차적으로 "**하나님을 대면하기 위해 마음을 깨끗하게 한 상태**"에도 『**성결**』이라는 용어를 사용한다. 그러므로 『**거룩한 행실**』은 "**세속적이지 않으**

며, 하나님을 대면하기에 적합하게 몸과 마음이 깨끗한 상태에서 하나님의 뜻에 따라 행하는 것"를 의미한다.

『경건』은 "하나님과 같아진 영적 상태"를 뜻하는 단어로, 주 예수 그리스도와 일치해 있는 것을 말한다. 즉 주님과 모든 면에서 하나가 되는 것을 뜻한다. 주님께서는 『**예수 그리스도의 선한 일꾼**』(딤전 4:6)이 되기 위해, 『**선한 교리의 말씀들로 양육**』(딤전 4:6)을 받음으로써, 모든 그리스도인이 경건에 이르도록 훈련할 것을 명령하신다. 『**경건에 이르도록 네 자신을 훈련하라. 몸의 훈련은 유익이 적지만 경건은 모든 일에 유익하여 현재와 미래에 생명의 약속을 소유하게 하느니라**』(딤전 4:7,8). 이 경건의 훈련을 통해 『**경건**』에 이르게 되면 우리가 예수 그리스도와 일치하게 되며 예수 그리스도의 능력이 우리에게서 나타나게 된다.

『**하나님의 뜻을 행하는 자는 영원히 거하느니라**』(17절). 『**하나님의 뜻**』은 무엇인가? 『**이것이 우리 구주 하나님 앞에 선하고 기뻐하실 만한 일이니 하나님께서는 모든 사람이 구원을 받고 진리의 지식에 이르기를 원하시느니라**』(딤전 2:3,4). 그러므로 현명한 자는 『**하나님의 뜻**』을 실행한다. 『**의로운 자의 열매는 생명의 나무니, 혼들을 이겨오는 자는 현명하니라**』(잠 11:30). 『**현명한 자들은 창공의 광명처럼 빛날 것이요, 많은 사람을 의로 돌이키는 자들은 별들처럼 영원무궁토록 빛나리라**』(단 12:3).

『**하나님의 뜻**』을 행하여 『**영원히**』 거하게 될 사람들은 이 세상이 아닌 『**새 하늘들과 새 땅**』에서 거하게 된다. 『**하나님의 날이 오기를 고대하고 열망하라. 그때는 하늘들이 불에 타서 녹아 버리고 우주의 구성 요소들도 맹렬한 불에 녹아내릴 것이나 우리는 그의 약속대로 의가 거하는 새 하늘들과 새 땅을 기다리도다**』(벧후 3:12,13). 그러므로 이 세상은 『**하나님의 뜻**』을 행하는 사람들에게는 완전히 무가치하다. 없어질 것에 미련을 두는 사람은 어리석은 사람이며, 믿음 없는 사람일 뿐이다.

육신의 정욕, 안목의 정욕, 생의 자랑

『이는 세상에 있는 모든 것이 육신의 정욕과 안목의 정욕과 생의 자랑이요, 아버지께 속한 것이 아니라 세상에 속한 것이기 때문이라』(요일 2:16).

영적인 영역에는 중립 지역이나 회색 지역 같은 것은 없다. 『**아버지께 속한 것**』이 아니면 『**세상에 속한 것**』이다. 세상을 사랑하는 육신적인 그리스도인들에게는 이러한 선언을 받아들일 수 없겠지만, 성경은 단호하다. 『**세상에 있는 모든 것**』이 『**세상에 속한 것**』이다.

『**세상에 있는 모든 것**』은 『**육신의 정욕**』, 『**안목의 정욕**』, 『**생의 자랑**』의 세 가지로 분류된다. 럭크만 목사는 『**육신의 정욕**』은 재물의 욕심 또는 쾌락에 관련되고, 『**안목의 정욕**』은 쾌락에 관련되며, 『**생의 자랑**』은 명예와 관련된다고 말했다. 『**육신의 정욕**』과 『**안목의 정욕**』이 중복된 부분이 있는 이유는 『**안목**』(the eyes)이 『**육신**』(the flesh)의 일부이기 때문이라 할 수 있다. 성경에서 그 예들을 찾아보면 다음과 같다.

『여자가 보니 그 나무가 먹음직하고 보기에도 즐겁고 현명하게 할 만큼 탐스러운 나무인지라, 그녀가 거기에서 그 열매를 따서 먹고 그녀와 함께한 자기 남편에게도 주니, 그가 먹더라』(창 3:6).

이브가 받은 시험을 『**육신의 정욕**』, 『**안목의 정욕**』, 『**생의 자랑**』에 영적으로 적용해 보면, 『**먹음직하고**』는 『**육신의 정욕**』, 『**보기에도 즐겁고**』는 『**안목**

의 정욕』, **『현명하게 할 만큼 탐스러운』**은 **『생의 자랑』**에 적용할 수 있다. 인류 최초의 여자는 **『세상에 있는 모든 것』**으로 시험당한 것이다.

『마귀가 주께 말하기를 "네가 하나님의 아들이면 이 돌에게 명하여 빵이 되게 하라."고 하니… 또 마귀가 주를 높은 산으로 데리고 가서 잠깐 동안에 세상의 모든 나라들을 보여 주더라. 그리고 마귀가 주께 말하기를 "내가 이 모든 권세와 그것들의 영광을 너에게 주리라. 그것이 나에게 넘겨졌으므로 내가 원하는 자에게 줄 수 있느니라… 또 그가 주를 예루살렘으로 데리고 가서 성전 꼭대기에 세우고 주께 말하기를 "만일 네가 하나님의 아들이면 여기서 뛰어내려 보라』(눅 4:3,5,6,9).

예수 그리스도께서 받으신 시험을 **『육신의 정욕』**, **『안목의 정욕』**, **『생의 자랑』**에 영적으로 적용해 보면, **『빵이 되게 하라』**는 **『육신의 정욕』**, **『이 모든 권세와 그것들[세상 모든 나라들]의 영광』**은 **『안목의 정욕』**, **『뛰어내려 보라』**는 **『생의 자랑』**에 적용할 수 있다.

요한일서 2:16, 창세기 3장, 누가복음 4장을 비교해 보면 다음과 같은 사실을 알 수 있다.

1. **『육신의 정욕』** : **『먹음직하고』** - **『빵이 되게 하라』**
2. **『안목의 정욕』** : **『보기에도 즐겁고』** - **『이 모든 권세와 그것들의 영광』**
3. **『생의 자랑』** : **『현명하게 할 만큼 탐스러운』** - **『뛰어내려 보라』**

빵의 시험은 육신의 정욕에 비유될 수 있고, **『먹음직하고』**에 적용되며, "재물의 욕심" 또는 "쾌락"과 연결된다. 왕국의 시험은 안목의 정욕에 비유될 수 있고, **『보기에도 즐겁고』**에 적용되며, "쾌락"에 연결된다. 뛰어내리는 시험은 생의 자랑에 비유될 수 있고, **『현명하게 할 만큼 탐스러운』**에 적용되며, "명예"와 연결된다.

물론 이러한 적용은 영적인 적용이기에 "재물, 쾌락, 명예"에 대한 시험이 누가복음 4장, 또는 마태복음 4장의 시험과 일대일로 적용되는 것은 아니며, 이 시험들이 서로서로 연결된다 할지라도 이 세 가지 시험이 인간의 모든 시험을 총망라한다는 사실을 기억해 볼 때, 예수 그리스도께서는 인간의 모든 시험을 다 받으셨다고 말할 수 있다. 또한 그러하기 때문에 우리가 당하는 모든 시험과 고난 속에서 우리를 능히 도와주실 수 있는 것이다. **『그가 이 일에 친히 시험을 받아 고난을 당하셨으므로 시험받는 자들을 능히 도와주실 수 있느니라』**(히 2:18).

하나님과 재물을 동시에 섬길 수 없느니라

『내가 이것을 말하노니 성령 안에서 행하라. 그리하면 너희는 육신의 정욕을 이루지 아니하리라.』(갈 5:16)라는 말씀과 **『그들 가운데서 우리 모두가 이전에는 우리 육신의 정욕들 가운데서 행하였으며 육신과 마음의 욕망들을 이루어 다른 자들과 마찬가지로 본래 진노의 자녀였느니라.』**(엡 2:3)라는 말씀으로 볼 때, 성경은 **『세상에 있는 모든 것』**(요일 2:16)이 **『육신의 정욕과 안목의 정욕과 생의 자랑』**이라고 세밀한 구분을 해 주셨지만, 이 셋을 대표하는 말로써 **『육신의 정욕』**을 사용하신다는 것을 알 수 있다.

갈라디아서 5:16에서 **『성령』**과 **"재물에 대한 욕심"**을 나타내는 **『육신의 정욕』**이 대비된 것처럼 마태복음 6:24에서는 **『하나님』**과 **『재물』**이 대비된다. **『아무도 두 주인을 섬길 수 없나니, 이는 그가 한 쪽을 미워하고 다른 쪽을 사랑하거나, 한 쪽을 존중하고 다른 쪽을 경시하게 됨이라. 너희가 하나님과 재물을 동시에 섬길 수 없느니라』**(마 6:24).

성경에서 말씀하시고자 하는 것은 분명하다. 그리스도인이 하나님을 사랑하고 동시에 재물(로 대표되는 세상)도 사랑하면서 사는 것은 불가능하며, 성령 안에서 행하면서 동시에 육신의 정욕들 가운데서 행하는 것은 불가능하다는 것이다.

예수 그리스도께서는 우리가 하나님을 섬기다가 굶주리고 헐벗게 되는 일이 생기지 않을까 걱정할 것을 대비해서 다음과 같이 위로의 말씀을 하신다. **『그러므로 내가 너희에게 말하노니, 너희 목숨을 위하여 무엇을 먹을까, 무엇을 마실까, 또 몸을 위하여 무엇을 입을까 염려하지 말라. 목숨이 음식보다 중요하지 아니하며 몸이 의복보다 중요하지 아니하냐? 공중의 새들을 보라. 새들은 씨앗을 뿌리지도 않고, 거두지도 않으며, 곳간에 모아들이지 않아도 하늘에 계신 너희 아버지께서 먹이시나니, 너희들이 새들보다 더 귀하지 아니하냐? …또 어찌하여 너희는 의복에 대해서 염려하느냐? 들의 백합화가 어떻게 자라는지 생각해 보라. 그것들은 수고도 아니하며 길쌈도 아니하느니라. 그러나 내가 너희에게 말하노니, 모든 영광을 누릴 때의 솔로몬이 차려 입은 것도 이 들꽃 하나만 같지 못하였느니라. 오늘 있다가 내일 아궁이에 던져질 들풀도 하나님께서 이처럼 입히시거늘, 오 너희 믿음이 적은 자들아, 그분께서 너희를 더욱더 잘 입히지 아니하시겠느냐? 그러므로 '무엇을 먹을까?' '무엇을 마실까?' '무엇을 입을까?'라고 말하며 염려하지 말라』**(마 6:25,26,28-31).

예수 그리스도께서는 이 위로의 말씀을 하신 후에 연이어 우리의 마음에 기쁨이 넘치게 해 주시는 아주 위대한 약속 하나를 우리에게 말씀하신다. **『오히려 너희는 먼저 하나님의 나라와 그분의 의를 구하라. 그리하면 이 모든 것을 너희에게 더해 주시리라』**(마 6:33).

제4과
복습문제

1. 『세상도, 세상에 있는 것들도 사랑하지 말라. 누구든지 세상을 사랑하면 (   )를 사랑함이 그 안에 있지 아니하니』(요일 2:15).

2. 『이는 세상에 있는 모든 것이 (   )의 정욕과 (   )의 정욕과 (   )이요, 아버지께 속한 것이 아니라 세상에 속한 것이기 때문이라』(요일 2:16).

3. 『세상도, (   )도 사라지지만 하나님의 뜻을 행하는 자는 영원히 거하느니라』(요일 2:17).

4. 『내가 이것을 말하노니 (   ) 안에서 행하라. 그리하면 너희는 (   )을 이루지 아니하리라.』(갈 5:16)

5. 『오히려 너희는 먼저 하나님의 나라와 그분의 의를 구하라. 그리하면 이 (   ) 것을 너희에게 더해 주시리라』(마 6:33).

■ 새롭게 깨달았거나 적용할 내용이 있다면 적어 보세요. ■

NOTES

제5과
생명을 내어 놓는 형제 사랑

『이로써 우리가 하나님의 사랑을 아노니, 이는 그분이 우리를 위하여 자신의 생명을 내어 놓으셨음이라. 따라서 우리도 형제들을 위하여 우리의 생명을 내어 놓는 것이 마땅하도다』(요일 3:16).

생명에서 생명으로 이어지는 사랑의 본질

『하나님께서 세상을 이처럼 사랑하셔서 그의 독생자를 주셨으니, 이는 그를 믿는 사람은 누구든지 멸망하지 않고 영생을 얻게 하려 하심이니라.』(요 3:16)라는 말씀은 "하나님의 사랑이 있었기에 우리가 영원한 생명을 얻게 되었다"는 사실을 알려 준다. 동일한 의미의 말씀이 요한일서 3:16에도 기록되어 있다. **『이로써 우리가 하나님의 사랑을 아노니, 이는 그분이 우리를 위하여 자신의 생명을 내어 놓으셨음이라.』** 두 구절을 통해서 우리는 "하나님의 사랑이 예수 그리스도의 생명이라는 대가를 통해서 우리에게 전해져서 우리로 하여금 영원한 생명을 얻게 하셨다"는 사실을 분명히 알 수 있다.

이렇게 영원한 생명을 얻은 우리가 이 복음의 말씀을 전파함으로써 새로운 생명을 낳을 때 "생명에서 생명으로 이어지는, 즉 생명을 낳게 하는 하나님의 사랑의 본질"이 잘 드러난다고 할 수 있다. 그런데 요한일서 3:16 후반부에는 **『따라서 우리도 형제들을 위하여 우리의 생명을 내어 놓는 것이 마땅하도다.』**라고 말씀하심으로써, 하나님께로부터 온 그 사랑이 단순히 구원의 복음을 통해 새로운 생명을 낳는 일뿐 아니라, 같은 믿음을 가진 성도들을 위해 생명을 내어 놓는 것으로도 승화되어야 함을 알려 주신다. 단순한 선의를 가지고 돕는 정도가 아닌, 생명의 위협도 감수해야 구원이 유지되는 환란 시대의 특성이 반영된 말씀이기는 하지만, 우리에게 형제 사랑의 본질이 독생자의 생명을 아끼지 않으신 하나님의 사랑임을 분명히 알려 주신다.

율법의 완성인 사랑

『서로 사랑하는 것 외에는 아무에게도 어떤 빚도 지지 말라. 다른 사람을 사랑하는 사람은 율법을 이룬 것이니라. 이는 이것, 즉 "너는 간음하지 말지니라, 너는 살인하지 말지니라, 너는 도둑질하지 말지니라, 너는 거짓 증거하지 말지니라, 너는 탐내지 말지니라." 한 것과 그 외에 다른 계명이 있을지라도 이 말씀으로 모두 요약될 수 있음이니, 즉 "너는 네 이웃을 네 자신과 같이 사랑하라."는 것이라. 사랑은 자기 이웃에게 악을 행치 아니하느니라. 그러므로 사랑은 율법의 완성이니라』(롬 13:8-10).

1. 큰 계명과 새 계명

마태복음 22장에는 한 율법사가 예수 그리스도께 『**선생님, 율법 중에서 어느 계명이 크니이까?**』라고 질문하는 장면이 나온다. 그때 주님께서는 『**너는 네 마음을 다하고, 혼을 다하고, 생각을 다하여 주 너의 하나님을 사랑하라. 이것이 첫째며, 큰 계명이니라. 둘째는 이와 같으니, 네 이웃을 네 자신과 같이 사랑하라.**』(마 22:37-39)라고 말씀하셨다. "**하나님을 사랑하는 것**"과 "**이웃을 사랑하는 것**"이 율법 중에서 가장 큰 두 계명이라고 대답하신 것이다. 그리고 연이어 말씀하시기를 『**모든 율법과 선지서들이 이 두 계명에 달려 있느니라.**』(마 22:40)라고 말씀하심으로써, "**하나님을 사랑하는 것**"과 "**이웃을 사랑하는 것**"이 단순히 율법 중에서 가장 큰 두 계명일 뿐만 아니라, 『**모든 율법과 선지서들**』의 핵심이자 본질이라는 사실을 분명히 밝히셨다.

이렇게 말씀하셨던 예수 그리스도께서는 우리에게 『**새 계명**』을 주셨다. 『**내가 새 계명을 너희에게 주노니 이는 너희가 서로 사랑하라는 것이라. 내가 너희를 사랑한 것같이 너희도 서로 사랑하라**』(요 13:34). 이 『**새 계명**』 또한 율법의 본질에 맞닿아 있다. 예수 그리스도를 믿은 사람은 하나님을 사랑한다는 사실을 입증한 사람이다. 왜냐하면 예수 그리스도께서 예수 그리스도를 믿는 사람들이 하나님을 사랑하는 사람들임을 직접 말씀하셨기 때문이다. 『**그러나 내가 너희를 아노니 너희 안에 하나님을 사랑함이 없다는 것이라. 내가 나의 아버지의 이름으로 왔으나 너희가 나를 영접하지 아니하는도다**』(요 5:42,43). 『**나를 믿는 사람은 나를 믿는 것이 아니라 나를 보내신 분을 믿는 것이라**』(요 12:44). 즉 예수 그리스도를 믿는 것은 하나님을 믿는 것이고, 예수 그리스도를 영접하지 않는 것은 하나님을 사랑하지 않기 때문이라고 말씀하신 것이다. 그러므로 예수 그리스도를 믿은 사람들은 이미 하나님을 사랑하는 사람들임을 입증한 것이다. 예수 그리스도께 『**새 계명**』을 받는 사람들은 이미 하나님을 사랑하는 사람들이므로 『**새 계명**』으로 "**하나님을 사랑하라**"는 명령을 받을 필요가 없다. 그렇다면 그들에게 남은 것은 "**이웃을 사랑하라**"는 계명이다. 그래서 예수 그리스도께서 "**이웃**"의 새로운 개념을 제시하시는 『**새 계명**』을 주신 것이다. 우리의 이웃은 "**예수 그리스도를 믿는 사람들**"이고 그렇기에 단순히 "**이웃을 사랑하라**"라는 계명이 아닌 『**서로 사랑하라**』라는 계명을 주신 것이다.

구원받지 못한 사람들은 "사랑"의 대상이 아니다

그리스도인들이 "사랑"이라고 말할 때, 의외로 많은 사람들이 오해하고 있는 것을 본다. 그리스도인들은 세상을 사랑하지 않는다. 따라서 그리스도인들은 세상 사람들 역시 사랑할 수가 없다. 만약 누가 세상을 사랑하지는 않되, 세상 사람들만은 사랑한다고 말한다면, 그 사람은 거짓말을 하고 있는 것이다. 그 사람은 세상을 사랑하거나 아니면 세상 사람을 사랑하지 않거나 둘 중 하나이다. 구원받지 못한 죄인들은 마귀의 자식들이다. 그런데 당신은 하나님의 자녀이다. 그렇기 때문에 당신이 마귀의 자식들을 사랑한다면 그것은 참 이상한 일이다. 마귀의 자식들은 하나님의 원수다. 이렇게 말하면 당신은 대뜸 마태복음 5장을 내 앞에 들이대고 『**나는 너희에게 말하노니, 너희 원수들을 사랑하고, 너희를 저주하는 자들을 축복하며, 너희를 미워하는 자들에게 잘해 주고, 너희를 천대하고 박해하는 자들을 위하여 기도하라.**』(마 5:44)라는 주님의 말씀을 환기시키려 할 것이다. 이 말씀이 주님께서 유대인들에게 가르쳐 주셨던 왕국 복음에 속하는 왕국에서의 법이요 명령이긴 하지만 이것을 얼마든지 지금 우리들에게 적용하여 영적 교훈으로 삼을 수가 있다는 것은 두말할 나위가 없다.

그러나 이 말씀을 영적으로 적용한다 해도 이것은 세상에 대하여 증오에 불타거나 원수들에게 저주를 퍼붓는 것을 하나님께서는 허락지 않으신다는 뜻으로 받아들여야 한다. 하나님께서는 죄인들을 사랑하지는 않으시되 그들에게 자비와 은혜를 베푸시고 허물과 죄를 묻지 않으시며 선하게 인도하셔서 주 예수 그리스도를 믿고 구주로 영접할 수 있는 기회를 항상 열어 놓으신다. 이렇게 말하면 이번에는 또 "**죄인에게 복음을 전해주 고 그리스도께로 인도하는 것은 그러니까 그들을 사랑해서가 아니겠느냐?**" 하고 당신은 내게 반문할 것이다. 그러나 내 대답은 여전히 "**아니다.**"이다. 당신이 죄인들의 혼을 그리스도께로 이겨오는 것은 당신이 그들을 사랑해서가 아니라 하나님을 사랑하기 때문이다. 그리스도인들은 죄인들을 그리스도께로 인도하여 구원받고 거듭나게 한 다음에야 그들을 사랑한다. 이것이 곧 『**형제 사랑**』이다. - 럭크만 목사

2. 율법의 실천적 완성인 새 계명

우리 그리스도인들이 『**서로 사랑하라**』라는 『**새 계명**』을 지키는 것은 이러한 의미에서 『**율법을 이룬 것**』, 즉 『**율법의 완성**』이다. 그 『**사랑**』이 실제로 드러나는 것이 세부적인 계명들을 지켜 이웃에게 악을 행하지 않는 것이다. 『**이는 이것, 즉 "너는 간음하지 말지니라, 너는 살인하지 말지니라, 너는 도둑질하지 말지니라, 너는 거짓 증거하지 말지니라, 너는 탐내지 말지니라." 한 것과 그 외에 다른 계명이 있을지라도 이 말씀으로 모두 요약될 수 있음이니, 즉 "너는 네 이웃을 네 자신과 같이 사랑하라."는 것이라.**』 우리는 계명들을 온전히 지켜야 한다.

여기서 『**서로 사랑하는 것 외에는 아무에게도 어떤 빚도 지지 말라. 다른 사람을 사랑하는 사람은 율법을 이룬 것이니라.**』라는 말씀을 다시 숙고할 필요가 있다. 우리가 하나님께 진 빚을 갚는 방법은 우리도 다른 사람에게 사랑의 빚을 지우는 방법밖에 없다. 어떤 그리스도인이 이웃인 성도를 사랑하지 않으면서도 자신이 하나님을 사랑하고 있고, 하나님의 다양한 명령들, 즉 기도, 성경 읽기, 성경 공부, 구령, 예배, 교회 봉사 등을 준수하고 있기에 하나님의 사랑에 보답하고 있다고 생각한다면 그것은 대단한 착각이다. 『**어떤 사람이 "나는 하나님을 사랑하노라." 하면서 자기 형제를 미워하면 그는 거짓말쟁이라. 눈으로 본 형제를 사랑하지 않는 자가 본 적이 없는 하나님을 어떻게 사랑할 수 있겠느냐?**』(요일 4:20)

우리는 어떻게 해도 하나님과 예수 그리스도의 사랑을 다 갚을 수 없다. 그런 우리에게 예수 그리스도께서는 "**<u>하나님의 사랑에 보답하는 방법</u>**"으로 『**새 계명**』을 제시하신 것이다. 『**너희가 나를 사랑하면 나의 계명들을 지키라**』(요 14:15). 그러므로 하나님을 사랑한다면 『**내가 너희를 사랑한 것같이**』 『**서로 사랑하라**』라는 명령을 준수함으로써 하나님과 예수 그리스도에 대한 사랑을 증

명해야 하는 것이다. 그러므로 『**새 계명**』을 준수하지 않는 사람은 “**전혀**” 보답하고 있지 않다는 것을 알아야 한다. 『**내가 새 계명을 너희에게 주노니 이는 너희가 서로 사랑하라는 것이라. 내가 너희를 사랑한 것같이 너희도 서로 사랑하라**』(요 13:34). 『**너희가 서로 사랑하면 이것으로 모든 사람이 너희가 나의 제자인 줄 알리라**』(요 13:35). 『**나의 계명은 이것이니, 내가 너희를 사랑하는 것같이, 너희도 서로 사랑하라는 것이라**』(요 15:12). 『**이런 것들을 내가 너희에게 명령하노니 이는 너희가 서로 사랑하게 하려 함이라**』(요 15:17). 『**이것이 우리가 그분께 받은 계명이니 하나님을 사랑하는 자는 자기 형제도 사랑해야 하느니라**』(요일 4:21).

이러한 명령을 잘 준수하여 칭찬받은 교회가 데살로니가 교회이다. 『**우리 주 예수 그리스도 안에서 너희의 믿음의 행위와 사랑의 수고와 소망의 인내를 하나님, 곧 우리 아버지 앞에서 쉬지 않고 기억함이니**』(살전 1:3). 『**형제 사랑에 관해서는 너희에게 쓸 필요가 없으니 이는 너희가 하나님께 몸소 배워 서로 사랑하고 있음이라**』(살전 4:9). 『**형제들아, 우리가 너희를 위하여 항상 하나님께 감사드리는 것이 마땅하고 합당하니, 이는 너희 믿음이 크게 자라고 또 너희 모두가 각기 서로 사랑하는 것이 풍성함이라**』(살후 1:3). 데살로니가 교회야말로 『**사랑의 수고**』를 통해 『**형제 사랑**』을 실천하여 『**서로 사랑**』하라는 명령에 순종한 진정한 의미의 “**사랑의 교회**”였던 것이다.

고난받는 형제들을 기억하라

『형제 사랑하기를 계속하고, 나그네 대접하는 일을 잊지 말라. 이렇게 하다가 자기도 모르는 사이에 천사들을 대

접한 사람들도 있었느니라. 옥에 갇힌 자들을 함께 갇힌 것처럼 기억하고 너희 자신도 몸을 가졌은즉 학대받는 자들을 기억하라』(히 13:1).

히브리서 13장의 첫 세 절은 이 시대에 일어나기 어려운 일들이기에 간과되기 쉽다. 그러나 이 구절들은 『**형제 사랑**』에 관하여 숙고해야 하는 것들을 우리에게 알려 준다.

1. 롯의 나그네 대접

『**나그네 대접**』과 관련하여 『**천사들을 대접**』한 사람은 롯이다. 롯은 소돔으로 들어오는 두 천사들을 맞이했다. 성경에서 천사들은 항상 날개 없는 남자의 모습으로 등장하기 때문에 롯은 그들이 단지 사람들인 줄로 알고 나그네 대접하듯이 대접했다. 나그네를 대접한 롯이 연상시키는 것은 "**롯의 날**"이다. 누가복음 17:28-30에 나오는 "**롯의 날**"은 "**다니엘의 칠십째 주**"인 대환란 기간이다. 『**그것은 또한 롯의 날들에 일어났던 것과 마찬가지라. 그들은 먹고 마시고, 사고 팔고, 심고 건축하였으나, 롯이 소돔에서 나가던 날 하늘에서 불과 유황이 비오듯 하여 그들 모두를 진멸시켰느니라. 이와 같이 인자가 나타나는 날에도 그러하리라.**』 여기서 『**인자가 나타나는 날**』은 휴거가 일어나는 날이 아니라 예수 그리스도의 지상 재림이 일어나는 날이다. 그러므로 이 구절들에도 히브리서가 "마지막 날들"을 사는 히브리인들을 위한 서신임을 나타내는 내용이 "암시적으로" 등장하는 것이다. 이는 또한 환란 기간 동안에 천국 복음을 전파하는 유대인들을 자기도 모르게 대접함으로써 보상을 받게 될 사람이 있음을 암시하기도 한다. 그러나 유의할 점은 히브리서 13장의 대상은 교회 시대의 그리스도인들이라는 사실이다.

2. 형제 사랑에 필요한 세심함

이 구절들에서 사도 바울이 말하고자 하는 바는 『**형제 사랑**』에 관하여 기록한 사도 바울의 다른 서신들과 유사한 맥락이다. 『**그런즉 우리가 더 이상 서로를 판단하지 말고 도리어 형제들 앞에 거치는 것이나 방해물을 놓지 아니하였는지 판단해야 하리라**』(롬 14:13). 『**그러므로 너희가 행하고 있는 것처럼 서로 위로하고 서로를 세워 주라**』(살전 5:11). 사도 바울은 형제를 함부로 판단하지 말고, 거치는 것이나 방해물을 놓지 않았는지 자기 자신을 판단할 것과 서로 위로하고 서로 세워 줄 것을 명령하고 있다. 즉 "**형제들의 상황에 따라 세심하게 배려함**"으로써 『**형제 사랑**』을 실천하라는 것이다.

특히 환란 시대에는 『**형제 사랑**』을 실천하지 않는 "**죄**"가 구원을 잃어버리게 할 수 있으므로 더욱 중요하다. 『**여기에서 하나님의 자녀와 마귀의 자녀가 드러나느니라. 의를 행하지 아니하는 자나 자기 형제를 사랑하지 아니하는 자는 누구나 하나님께 속하지 아니하니라... 우리가 사망으로부터 생명으로 옮겨간 것을 아노니, 이는 우리가 형제들을 사랑하기 때문이라. 자기 형제를 사랑하지 않는 자는 사망 안에 거하느니라**』(요일 3:10,14). 하물며 "형제를 미워하면" 어떻게 되겠는가? 그의 안에게는 『**영원한 생명**』이 거하지 않게 된다. 즉 구원받을 수 없게 되는 것이다. 『**자기 형제를 미워하는 자는 누구나 살인자요, 살인자는 누구나 영원한 생명이 그의 안에 거하지 않음을 너희가 아느니라**』(요일 3:15).

『**옥에 갇힌 자들을 함께 갇힌 것처럼 기억하고 너희 자신도 몸을 가졌은즉 학대받는 자들을 기억하라.**』 이 부분도 교회 시대나 환란 시대에 둘 다 적용된다. 우리는 교회 시대 동안에 박해받았던 그리스도인들을 볼 수 있다. 로마 제국, 로마카톨릭, 모슬렘, 공산 정권하에서 고난받은 많은 성도들이 있었다. 또한 지금도 믿음을 지키기 위해 고난을 당하는 성도들이 있다. 성경은 고난받는 형제들을 기억하고 이들을 위해 기도하라고 말씀하신다.

3. 한 몸임을 기억하라

왜 본문에 없어도 크게 문제없을 듯한, 오히려 불필요해 보이는 『**너희도 몸을 가졌은즉**』이라는 "**표현**"이 있는 것인가? 그 이유는 예수 그리스도 안에서 우리가 모두 고통과 기쁨을 함께해야 할 한 몸임을 생각하게 하시려는 하나님의 의도가 있었기 때문이다. 『**만일 한 지체가 고통을 받으면 모든 지체가 그와 함께 고통을 받으며 만일 한 지체가 영광을 얻으면 모든 지체가 함께 기뻐하느니라**』(고전 12:26). "**공감**"은 우리가 한 영, 한 생각 안에 있다는 증거이다. 형제들이 그리스도를 위해 고난을 받는다면 한 몸 된 우리들은 마땅히 함께 아파해야 하고, 한 지체가 영광을 얻으면 마땅히 함께 기뻐해야 한다. 사도 바울의 『**우는 자들과 함께 울라.**』(롬 12:15)라는 말씀은 바로 우리가 형제들과의 "**공감**"을 통해 형제 사랑을 실천해 가도록 우리에게 주신 명령인 것이다. 우리는 예수 그리스도를 위해 고난을 당하는 다른 그리스도인들을 위해 마땅히 기도해야 할 것이다.

이 말씀은 환란 시대에도 적용된다. 마태복음 10장에서는 천국 복음을 전하러 다니는 사람들을 영접하는 사람들에 대한 보상이 제시된다. 『**너희를 영접하는 사람은 곧 나를 영접하는 것이며, 또 나를 영접하는 사람은 곧 나를 보내신 분을 영접하는 것이라. 선지자의 이름으로 선지자를 영접하는 사람은 선지자의 상을 받을 것이요, 의인의 이름으로 의인을 영접하는 사람은 의인의 상을 받을 것이라**』(마 10:40,41). 그리고 마태복음 25장에서는 민족들에 대한 심판이 나오는데, 이 심판은 예수 그리스도의 형제(마 25:40,45)인 유대인들이 굶주리고 헐벗고 병들고 감옥에 갇혔을 때, 그들을 선대했느냐, 박해했느냐를 기준으로 판단하시는 심판이다. 『**그러나 왕이 대답하여 그들에게 말하기를 '진실로 내가 너희에게 말하노니, 여기 내 형제들 가운데 가장 작은 자 하나에게 한 것이 곧 나에게 한 것이니라**』(마 25:40).

가식 없는 형제 사랑

『너희가 성령을 통하여 진리에 순종함으로써 너희 혼들을 정결케 하여 가식 없는 형제 사랑에 이르렀으니 순결한 마음으로 서로 뜨겁게 사랑하라』(벧전 1:22).

그리스도인이 **『가식 없는 형제 사랑』**에 이르렀다는 것은 "**믿음**"으로 혼이 **『정결』**케 된 결과이다. **『형제 사랑』**에 **『가식』**이 없으려면 당신의 마음이 **『정결』**해야 한다. 당신의 마음이 **『정결』**하려면 먼저 "**믿음**"이 있어야 한다. 하나님께서는 성령을 통해서 이 모든 일련의 일들이 당신에게 일어나도록 역사하셨다. 그러므로 베드로는 **『순결한 마음으로 서로 뜨겁게 사랑하라.』**라고 당신에게 촉구한다.

이것은 그리스도인으로 거듭난 사람의 증거이다. 당신이 하나님의 자녀로 새롭게 태어났다면, 당신은 다른 모든 그리스도인들과의 **『형제 사랑』**으로 당신의 새로운 출생을 입증하게 되는 것이다. 당신의 **『형제 사랑』**은 **『정결』**한 혼에서 우러나오는 **『가식 없는』** 사랑이요, **『순전한』** 사랑이며 또 뜨거운 사랑이다. 만약 당신에게서 이런 사랑이 엿보이지 않는다면, 당신이 과연 하나님의 참된 자녀로 새롭게 태어난 사람인지가 의심스럽다. 이것은 당신 스스로가 점검해 볼 일이다. - 럭크만 목사

■ 새롭게 깨달았거나 적용할 내용이 있다면 적어 보세요. ■

제5과
복습문제

1. 『이로써 우리가 하나님의 (   )을 아노니, 이는 그분이 우리를 위하여 자신의 (   )을 내어 놓으셨음이라. 따라서 우리도 형제들을 위하여 우리의 (   )을 내어 놓는 것이 마땅하도다』(요일 3:16).

2. 『서로 사랑하는 것 외에는 아무에게도 어떤 빚도 지지 말라. 다른 사람을 사랑하는 사람은 (   )을 이룬 것이니라... 사랑은 자기 이웃에게 악을 행치 아니하느니라. 그러므로 사랑은 (   )의 완성이니라』(롬 13:8,10).

3. 『내가 새 계명을 너희에게 주노니 이는 너희가 (   )하라는 것이라. 내가 너희를 사랑한 것같이 너희도 (   )하라』(요 13:34).

4. 『어떤 사람이 "나는 하나님을 (   )하노라." 하면서 자기 형제를 미워하면 그는 거짓말쟁이라. 눈으로 본 형제를 (   )하지 않는 자가 본 적이 없는 하나님을 어떻게 (   )할 수 있겠느냐?』(요일 4:20)

5. 『자기 형제를 미워하는 자는 누구나 살인자요, 살인자는 누구나 영원한 (   )이 그의 안에 거하지 않음을 너희가 아느니라』(요일 3:15).

NOTES

NOTES

복습 문제 정답

제1과

1. 아버지
2. 주는
3. 아들
4. 서로
5. 심판

제2과

1. O
2. O
3. O
4. 첫 언급의 법칙
5. X

제3과

1. X
2. X
3. O
4. 수고
5. 지키리니

제4과

1. 아버지
2. 육신, 안목, 생의 자랑
3. 세상의 정욕
4. 성령, 육신의 정욕
5. 모든

제5과

1. 사랑, 생명, 생명
2. 율법, 율법
3. 서로 사랑, 서로 사랑
4. 사랑, 사랑, 사랑
5. 생명

< 추 천 도 서 >

요한일이삼서, 유다서

피터 S. 럭크만 지음 / 360쪽

20,000원(eBook 14,000원)

사도 요한의 서신들은 요한복음과 마찬가지로 예수 그리스도의 사랑으로 가득 찼으며, 하나님의 사랑 실천함을 성도들에게 강조한다.

하나님은 사랑이시라

피터 S. 럭크만 지음 / 152쪽

6,000원(eBook 4,900원)

저자는 성경에 나타난 사랑의 하나님의 모습을 잘 보여 준다. 하나님의 사랑에 대해 오해하고 있던 이들에게 그분의 사랑의 진정한 의미를 깨닫게 한다.

하나님과 함께 걷는 길

필립 켈러 지음 / 248쪽

8,000원(eBook 5,600원)

하나님께서는 성도들을 영원한 세계로 인도하기를 원하시며, 성령님께서는 우리와 함께 그 길을 동행하길 바라신다. 이 책은 하나님과 함께 거룩하게 살아가는 법을 제시한다.

완벽한 교회는 없는가?

이송오 지음 / 296쪽

12,000원(eBook 8,400원)

이 시대에 참 교회의 모습을 찾으려고 애쓰는 성도들에게, 특히 올바른 목회를 하려고 준비하는 젊은 신학생들과 목회자들에게 좋은 교과서로 제시될 것이다.

솔로몬 성경공부 시리즈

가장 위대한 것은 사랑이니라

초판인쇄 2025년 5월 22일
초판발행 2025년 5월 23일
지 은 이 / 편 집 부
발 행 인 / 박 승 용
발 행 처 / 말씀보존학회
출판등록 / 제409-2022-000036호
주 소 / 서울 강서우체국 사서함 제90호
전 화 / (02) 2665 - 3743
팩 스 / (02) 2665 - 3302
인 터 넷 / www.biblemaster.co.kr

값 10,000 원